J'HABITE OÙ?

DANS UNE VILLE

Un livre de la collection
Les racines de Crabtree

ALICIA RODRIGUEZ

CRABTREE
Publishing Company
www.crabtreebooks.com

Soutien de l'école à la maison pour les parents, les gardiens et les enseignants

Ce livre aide les enfants à se développer grâce à la pratique de la lecture. Voici quelques exemples de questions pour aider le lecteur ou la lectrice à développer ses capacités de compréhension. Les suggestions de réponses sont indiquées en rouge.

Avant la lecture

- De quoi ce livre parle-t-il?
  - *Je pense que ce livre parle des villes.*
  - *Je pense que ce livre parle de ce qu'on peut trouver dans une ville.*

- Qu'est-ce que je veux apprendre sur ce sujet?
  - *Je veux savoir de quelle taille peuvent être les villes.*
  - *Je veux savoir à quoi ressemble une ville.*

Pendant la lecture

- Je me demande pourquoi...
  - *Je me demande pourquoi les gens marchent pour aller au magasin, au parc et à l'école dans les villes.*
  - *Je me demande pourquoi il est amusant d'habiter dans une ville.*

- Qu'est-ce que j'ai appris jusqu'à présent?
  - *J'ai appris qu'il y a beaucoup d'édifices dans les villes.*
  - *J'ai appris qu'il y a des parcs dans les villes.*

Après la lecture

- Nomme quelques détails que tu as retenus.
  - *J'ai appris qu'il y a des écoles dans les villes.*
  - *J'ai appris qu'il y a de grands édifices dans les villes.*

- Lis le livre à nouveau et cherche les mots de vocabulaire.
  - *Je vois le mot **ville** à la page 3 et le mot **magasin** à la page 8. Les autres mots de vocabulaire se trouvent à la page 14.*

J'habite dans
une **ville**!

J’habite dans un **appartement**.

Mes amis sont
mes voisins.

Je marche pour
aller au **magasin**.

City Lights Bookstore
San Francisco
A LITERARY MEETINGPLACE SINCE 1953
3 FLOORS OF BOOKS
OPEN 10AM - MIDNIGHT EVERY DAY
CITY LIGHTS BOOKS

Je marche pour
aller à l'**école**.

Je marche pour aller au **parc**.

Je vois de grands **édifices**.

C'est amusant d'habiter dans une ville.

Liste de mots

Mots courants

dans
de
est
habite
je
marche
mes
pour
un
une
vois

La boîte à mots

appartement

école

édifices

magasin

parc

ville

42 mots

J'habite dans une **ville**.

J'habite dans un **appartement**.

Mes amis sont mes voisins.

Je marche pour aller au **magasin**.

Je marche pour aller à l'**école**.

Je marche pour aller au **parc**.

Je vois de grands **édifices**.

C'est amusant d'habiter dans une ville.

CRABTREE
Publishing Company

Autrice : Alicia Rodriguez
Conception : Rhea Wallace
Développement de la série :
James Earley
Correctrice : Janine Deschenes
Conseils pédagogiques :
Marie Lemke M.Ed.
Traduction : Annie Evearts
Coordinatrice à l'impression :
Katherine Berti
Références photographiques :
Shutterstock : f11photo : couverture;
Sean Pavone : p. 1,3,14; Joseph ChunJr :
p. 5, 14; Mike Dotta : p. 6; Nito : p. 9, 14;
Christian Mueller : p. 10, 14; Majeczka :
p. 12, 14

J'HABITE OÙ?

DANS UNE
VILLE

Crabtree Publishing Company
www.crabtreebooks.com 1-800-387-7650

Publié aux États-Unis
Crabtree Publishing
347 Fifth Avenue
Suite 1402-145
New York, NY, 10016

Publié au Canada
Crabtree Publishing
616 Welland Ave.
St. Catharines, Ontario
L2M 5V6

Imprimé au Canada/062021/CPC

Catalogage avant publication de Bibliothèque et Archives Canada

Titre: Dans une ville / Alicia Rodriguez ; texte français d'Annie Evearts.
Autres titres: City. Français.
Noms: Rodriguez, Alicia, auteur.
Description: Mention de collection: J'habite où? | Les racines de Crabtree | Traduction de : City. | Comprend un index.
Identifiants: Canadiana (livre imprimé) 20210282002 | Canadiana (livre numérique) 20210282010 | ISBN 9781039607279 (couverture souple) | ISBN 9781039607330 (HTML) | ISBN 9781039607392 (EPUB) | ISBN 9781039607453 (livre numérique avec narration)
Vedettes-matière: RVM: Vie urbaine—Ouvrages pour la jeunesse. | RVMGF: Documents pour la jeunesse.
Classification: LCC HT152 .R6314 2022 | CDD j307.76/4—dc23